JN410031

영원한 내 집

정 정 례 시집

교음사

| 영원한 내 집 |

· 정정래 시집

· 차례

꽃방 친구들 이름짓기

외할머니의 행복한 육아일기

할머니의 행복한 육아일기

영원한 내 집

바람개비

뱅글뱅글
바람개비
바람 따라 잘도 도네

빨·주·노·초 색동바람
무지개 되어 날아가네

우리 아기 마주 보고
뱅글뱅글 잘도 도네

빨·주·노·초 색동웃음
하늘 높이 퍼져가네

2010.05.16

오월

오월의 살랑바람
연초록 나뭇가지에
따스한 햇볕과 함께
살며시 찾아왔네

우리 아기 보드라운 살결처럼
연둣빛 보드라운 어린잎들
윤기 내며 반짝반짝
손뼉 치며 팔랑이네

오월이 되면
내 인생의 꽃밭이 그리운 계절

내 젊음의 뜰에는
고운 빛깔 꽃들이

다투어 피고 지고

덩굴장미 울타리에
흐드러지게
터져 나오듯

수다의 꽃봉오리들이
끝없이 피어올랐지

모퉁이에 자리잡은
벤치 뒤의 느티나무

새들의 합창 소리
하늘 높이
솟아오르고

벤치 위에 연인은
밤새워 소곤대는
밤하늘의 별을 보고
영원한 사랑을
맹세했었지

나의 5월은
다신 못 오지만
계절의 여왕은
추억을 가지고
다시 찾아오는구나

2010.05.28

제니

금발의 제니
요크셔테리어

노래 속의 소녀처럼
금발을 나부끼며
나를 보면 달려드네

13살의 노령이지만
잔디밭 햇빛 속에
뛰노는 모습

13세 소녀처럼
푸르기만 하구나

맑고 고운 까만 눈동자

내 얼굴만 바라보고
쪼그리고 앉아있네

두 팔 벌려 품에 안고
사랑으로 토닥이면

간지럽게 혓바닥이
내 얼굴을 사랑하네

너와 나는
함께 늙어가는
사랑의 동반자

2010.05.29. (2010.10.08. 제니는 하늘나라로 갔음)

우리 여보

어느덧 세월은 흘러
세 손자의 할아버지
은발의 칠십 노인이지만

손자들과 어울릴 땐
유치원생 얼굴이고

손자들과 놀이할 땐
네 번째 손자 되어
함께 뒹군다.

즉석 창작동화로
어린 것들 호기심을
마음껏 끌어내어
울리고 웃기며
함께 즐긴다.

줄줄이 매달리는
손자들 속에선
인기 있는 만화영화
주인공이 되고

주말이면 할머니의
연인이 된다.

스타벅스 커피집
젊은이들 속에서
은발 머리 선글라스가
돋보이는 모습

내게는 아직도
젊은 오빠다

2018.05.30.

동호 · 1

밥숟가락에 고기를 얹어주면
"고기 빼!"

세수하고 로션을 발라주면
"화장 빼!"

양말 신고 운동화를 신겨주면
"양말 빼!"

나도 소리 지른다
"그럼 신발도 빼!"

"안 돼!"
"신발 신고 밖에 나갈 거야!"

세 살짜리 우리 동호의
편리한 언어 표현이다

2010.06.02.

동호 · 2

할머니 : "오늘은 노란 운동화 신겨줄까?"

동호 : "싫어요. 파란 운동화 신겨주세요."

할머니 : "응!"

동호 : "응이 뭐예요? 예! 그래야지요"

"할머니가 그렇게 대답하랬잖아요!"

할머니 : "음~, 그렇지 그렇지!……(호호호)"

2010.06.07.

분수

하루에 두 번
파리공원에 분수가 나온다

시도 때도 없이 하루에도 몇 번씩
할아버지를 졸라서 분수를 보러 가는
집념의 사나이 우리 동호

분수가 안 나올 때
동그라미 네모
물 나오는 구멍을 만져보고

분수가 나올 땐
벤치에 앉아
솟구치는 물줄기를 바라본다

뻗쳐오른 물방울과
햇빛이 만나서
무지개를 만들곤
날아가며 사라진다

뻗쳐오른 물방울과
동호의 눈빛이 만나면
동호의 무지개가
마음속에 환히 떠오르겠지……

2010.06.22.

아름다운 거절

35년 전 제자들
만나고 싶다고
전화가 와서

처음엔
설레는 마음으로
가슴이 벅찼지만

약속 시각이 다가올수록
70대의 내 모습
추하게 보일까 봐

순수하고 맑았던 모습들로
영원히 기억하고 싶다는 핑계로
약속을 거절했더니

꽃다발 들고
집 가까이 찾아온 제자들
나만 늙은 줄 알았더니
50살이 되어가는 중년의 모습들

세월의 흐름이 보였네
만나지 말고
아름다운 거절로
어린 모습의 기억들만 가지고 있을걸……

2015.04.01.

벚꽃나무 아래서

활짝 핀 벚꽃
봄바람과 함께
나들이 간다

연분홍 향기 따라
꽃눈 되어 날아간다

바람 따라 꽃눈 따라
내 마음도 날아간다

꽃눈을 맞으며
아름답던 그 시절로
멀리멀리 날아간다

녹지 않은 하얀 눈

한 잎 한 잎

그리움으로 날아가

소복이 쌓인다

2015.04.12.

4월의 빛

조용한 파리공원 아침
꽃동산에
4월의 빛이 가득하다

연둣빛 새싹들이
바람에 반짝이고

연산홍 붉은 동산이
자지러지게 빛이 난다

저 높은 성당의 십자가도
그 너머 빌딩의 창들도
눈부시게 빛이 난다

바람과 함께 몰려다니는

참새 떼의 목소리도
청량하게 빛이 난다

어느덧
내 마음도
날개를 활짝 펴고

4월의
천국 동산을
마음껏 날아다닌다

2015.04.25.

노년예찬

10대엔 얼마나 열심히 공부하며 살았던가!
20대엔 일과 청춘을 즐기며 결혼에 골인했던 시절!
30대엔 아이 낳고 키우며 가르치며 얼마나 바빴던가!
40대엔 아이들 학창시절 뒷바라지에 얼마나 힘들었던가!
50대엔 아들딸 결혼시키느라 또 얼마나 신경을 쏟았던가!
60대엔 태어난 손주들을 키우느라 얼마나 고단했던가!
70대가 되니 은퇴와 더불어 모든 책임에서 이제야 벗어
나는구나!

육체는 시들어가지만
새롭고 신선한 상상력으로
젊음을 찾아갈 수 있는 시기!
누구의 방해도 받지 않고
나만의 영혼의 향유를 즐길 수 있는
더없이 행복한 시기!

아무 때나 훌쩍 여행을 떠날 수 있어
집시나 방랑자처럼 자유로운 영혼으로
일탈을 즐길 수 있는 시기!
주말이면 손주들이 와서 낙원으로 만들어주는 우리 가정!

노년은 인생의 황혼기라지만 내겐 황금기이다!

2015.05.27.

서재

어렸을 적부터 훌륭한 서재를 갖고 싶은 꿈이 있었다.
50년이 지나서야
제일 큰 안방에 서재를 꾸몄다

마당을 향한 책상 위로 커다란 맑은 유리창이 있어
목련나무, 마로니에 나뭇잎이 초록으로 반기고
나뭇잎 사이로 푸른 하늘과 달과 별들도 보인다

높은 나뭇가지에 올려진 새집에 새들이 날아오면
내 책상을 바라보고 함께 독서한다

양쪽 벽면엔 끝까지 책들로 가득 차 있어
바라만 봐도 배가 부르다

손자 손녀들이 들어오면 장난감도 있어

독서방, 놀이방도 된다

서재에 들어와 책상에 앉으면
하버드 도서관 여학생이 된 기분이다

시재가 사리 잡고 있는 이 방에서
난 독서여왕으로 살고 싶다

2015.05.28.

사물함 책상

침실 한쪽에 자리 잡은
뚜껑을 열어 펼치는 사물함 책상

사물함 위 십자가 양옆엔
아들딸의 가족사진이 정답게 바라보고

책상 속엔 30년간 모은 새벽기도
설교 노트가 줄지어 꽂혀있다

지금도 꺼내서 읽어보면
은혜가 넘치고
보석같이 빛난다

잠자리에 들기 전 성경을 보고
하루를 마무리하며 기도하는 자리다

간구해야 할 일이 생기면
이곳 십자가를 붙잡고 기도해서
기적을 꺼내는 보물 함이다

2015.06.02.

산책길

하루에 한 번씩 파리공원을 걷는다
적당히 가파른 오솔길을 따라
사시사철 변하는 풍경을 보면
난 저절로 시인이 된다

봄이면 연산홍 꽃길을 따라
연분홍 봄날을 만끽하고
여름이면 진초록 나뭇잎들이
오솔길 숲속을 풍성히 채운다

가을이면 꽃들보다 더 예쁜 단풍 속에서
빨간 감들과 노란색 모과들이
나를 반긴다

겨울이면 낙엽을 떨어뜨린
나목들 너머로 천주고 종탑이

고풍스러운 색깔로 멋지게 드러난다
흰 눈이라도 내리면 나뭇가지 속의
성당은 흩날리는 눈 속에서
명화처럼 보인다

날마다 시인의 길을 걸을 수 있는 것만으로도
나는 하나님께 감사드린다

2015.06.15.

우리 여보

20대엔 공군모를 쓴 감색 겨울 반코트의
멋진 유니폼으로 에드워드 왕자 같은 모습으로
꿈많고 철없던 내게로 다가왔었지

30대엔 공무원이 되어 결혼했고
아이들이 태어나 사랑 많은 아빠가 되었고

40대엔 공직 사회에서 기개가 뛰어나고
청렴한 공무원으로 모범을 보였고

50대엔 명예퇴직으로 아쉬워했으나
빌딩 소유의 사장으로 더 바쁜 일상이 되었고

60대부터는 자상한 가장이 되어
나의 가장 필요한 손발이 되어 주고 있다

70대엔 자라난 손자들에게

인기폭발이다.
할아버지 만나면 서로 차지하려고
다투기 때문이다.
함께 놀아주고 장난감도 만들어주고
사주기도 하면서
동심으로 동화되어 살아간다

동심으로 살아서인지 백발이 되었으나
몸과 마음은 신기할 정도로 젊다

반짝이는 은빛 머리 정바지 선글라스가
돋보이는 모습으로
주변 사람들의 호감 속에 살아간다

하루에도 서너 번씩 손자 손녀를 보러간다
손자손녀와의 생활이 젊음을 주는 활력소이다.

손자 손녀들이 우리 여보 생활의 중심이 되었고
100세 시대를 살아갈 필수 장수 비타민들이 되었다

2015.06.16.

FM방송

KBS 93.1 클래식 음악방송
하루 일과를 시작할 때부터 잠자리까지 함께한다

음악 속에서 일하면 훨씬 힘이 덜 들고
독서나 공부할 때도 배경음악이 흘러야
더 집중이 잘 된다

스트레스 받은 일이 있을 때나
부부 사이의 냉랭한 분위기일 때도
음악 속에서 대화하면 감정이 순화되고 따뜻해진다

다음 생으로 다시 태어난다면
음악가로 태어나고 싶다

난 음악가들을 하나님 다음으로 숭배한다
음악은 영혼을 다스리고 영감을 주며
감정을 승화시켜주기 때문이다

멜로디와 노랫말과 음색이 조화롭게 들려오면
난 이미 천국의 구름 위에 떠돌고 있다

이 세상을 떠나는 장례식장에서도
마지막까지 음악 속에서 살고 싶다

2015.07.09.

Robin : 울새

동물로 다시 태어난다면
까만 날개에 가슴이 빨간
'로빈'이라는 새가 되고 싶다

열정을 품고 살아 가슴이 빨간 모습이
나의 내면을 상징하기 때문이다

손주들이 살고 있는 집의 처마나
가까운 나무 위에 집을 짓고 살고 싶다

아침저녁으로 창문을 통해 그들의 삶을 보고
비둘기가 노아에게 새 소식을 전해주듯이
신비한 세상의 소식을 전하며 살고 싶다

방언 속에선 서로 다른 언어지만

성령으로 소통하며 대화했듯이
내가 방언처럼 새소리를 내면
성령으로 소통이 되어
가족들과 마주 보며 대화하며 살고 싶다

더욱 넓은 세상의 높은 곳으로 마음껏 날아
아무 구속 없이 무한의 세계를 날아보고 싶다

2015.07.15.

조이

아메리칸 코카스 1년생
갈색 털이 윤기 있게 빛나고
귀가 늘어진 모습이 귀족풍이다

우리의 기쁨이 되어 달라고
'JOY'라는 이름도 내가 지었다.

빌딩 5층에 방수 지붕을 만들어서
사무실 안과 바깥 옥상이 어두워졌다

사무실을 TV와 음악방송으로
바깥 옥상은 조이를 놀게 해
밝은 생활을 만들려고 했다

하루에 한 번 씩 밥을 주러 가지만

넓은 옥상에서 온 종일 혼자 지낸다.
일요일마다 내가 가면 펄쩍펄쩍 뛰어오르고
내게서 떨어지지 않으려고 한다

너무 많은 시간을 혼자 지내게 하는 것도
동물 학대인 것 같아서 석 달 만에 보냈다.

길 건너 식당 집 청년이 우리 조이를
너무나 좋아한다고 해서 보냈다
식당 한쪽에 자리 잡아 손님들도 쳐다보며
외롭지 않게 살고 있다니 다행이다

조이가 외롭지 않고 행복하게 사는 모습을
멀리서라도 자주 보고 싶다

2015.07.23.

커피

커피는 여유로운 마음, 만남이 떠오르는 말
난 스타벅스에 자주 간다.
블랙커피의 깔끔한 쓴맛이 좋다

주인의 눈총 없이 따로 마련된 공간이 있어
시간에 구애받음 없이
음악, 독서, 커피를 즐길 수 있어 좋다

커피 속에선 모락모락 추억이 되살아난다
정다운 사람끼리 대화의 향을 날리고
가슴 태우며 커피 잔을 들여다보고 보냈던 시간들……

이제는 다정하게 마주 앉아 먹는 커피보다
창가에 앉아서 혼자 즐기는 것이 좋다
커피 한 잔과 클래식 음악만 흐르면
훌륭한 나만의 우주가 된다

첫눈이 내리면 사람들은
연인과 눈을 맞으며 걷는다지만
난 유리창 너머로 쏟아지는 눈을 감상하며
뜨거운 커피를 마시는 것이
더없이 행복하다

2015.11.26.

새벽 기도

새벽을 깨우는
알람을 지우고
오늘을 시작한다

계절 따라
제자리서 반짝이는
새벽별과
인사하며

고요한
새벽길을 간다.

저 높은 곳을
향해
한 계단씩
정성을 쌓는다

힘들게

쌓았지만

돌아오는

발걸음은

가볍기만 하다

2015.11.05.

낙엽

낙엽이 쌓인다
가을이 쌓인다

바람에
떨어지는
낙엽을 맞으며

낙엽 속을
걷는다.

부스럭
바삭~바싹~

죽어가는
생명들의
마지막 외침이다

구르몽의 시가
떠오른다

'너는 좋으냐?
낙엽 밟는 소리가'

우리도 언젠가는
낙엽이 되리라

죽음과 창조는
양면성이 있다 하니
너희들도
새로운 새싹으로
다시 태어나거라

2015.11.13.

첫 눈

첫눈이 내린다.
하얀 눈이 흩날린다
꽃잎처럼 날린다

내 마음도 흩날린다
눈 따라 바람 따라
정처 없이 날아간다

근심 걱정 괴로움도
어디론가 사라지고

하늘이 내려준
선물만 안고
하염없이 날아간다

소복이 눈 쌓인
나만의 공간에

조용히 자리한다

꿈 많던 어린 시절
그리워했던 사람들을
만나게 해 준

첫눈에 감사한다
하늘에 감사한다

2015.12.03.

내 남편, 신갑송

을송 씨가 아니고 갑송 씨라서
갑질도 대단하다
갑질이 시작되면
가족 아무도 거역하지 못한다

그러나 손자 손녀에겐
끝없이 관대하고 부드럽다
손자 손녀와 소통하며 사는 삶이
일상의 기쁨이다

남들은 모두 외유내강인 사람이라지만
사실은 반대다
40년 넘게 같이 살아온
나만이 아는 비밀이다

2016.10.21.

내 생일

7개의 촛불이 켜지고
생일 축하 노래가 들린다

함께 손뼉 치고 노래했는데
촛농이 흐르고 내 눈물도 흐른다

칠순은 노년의 시작이다
생로병사가 차례를 기다린다

마음은 아직도 소녀지만
내 몸은 노화되어
여기저기 삐걱댄다

마음의 중심을 하늘에 맡기고
자연에 순응하며 살리라

2016.02.17.

바다

어렸을 때부터
바다가 좋았다

끝없는 수평선을 바라보면
끝없는 상상력이 펼쳐진다

바다의 시만 감상해도
그림만 바라봐도
내 마음은 파도 속에서 뛰놀았다

멀리서 바라보는 바다는
파도처럼 환희를 몰고 왔다
열정이 부딪쳤다

지금의 바다는

한없이 조용하다.

바다가 주는 환희와 열정도
나이와 함께 가버렸는가?

수평선이 보이고
파도는 밀려와도

옛날의 바다가 아니요
옛날의 내 마음이 아니다

2016.02.09. (괌에서)

우리 집

마당이 있는 우리 집
1층 아파트

창문 너머로
사계절이 온통 나무뿐인
수목원 속에 자리 잡은
별장 같은 우리 집

마당을 둘러싼 쥐똥나무 울타리 꽃
향수보다 신선한 향기를 내뿜고

응접실과 마주 보는 초록색 잔디는
막혔던 가슴을 터지게 하고

마당 끝 목련나무 그늘 아래
땅에 묻힌 항아리 삼 형제
포도주 매실청 짠지가 익어가고

반대편 마당 끝
감나무 옆에는
간장 된장 고추장 항아리가
햇빛에 반짝인다.

감나무와 목련나무 사이로
묶인 빨랫줄에
고슬고슬 빨래들이
일광욕을 즐기고

마로니에 나무 아래
펼쳐진 파라솔
탁자 위 책들과 커피 잔들이
명화 속에 나오는 정물화 같구나

나무 위에 만든 새집 속 물통

새들이 노래하며 목을 축이고
화사한 꽃밭에 내려와
끼리끼리 산책도 즐긴다

귀염둥이 우리 손자
새들을 쫓아가다
잔디밭에 넘어져도
해님보고 방긋 미소짓고 일어난다

응접실이 좁은 우리집이지만
마음이 넓어지는 마당이 있어
궁궐 속 여왕이 부럽지 않다.

2010.05.31.

100점

"100점 맞았어요"
아이가 소리치며 내민다

엄마 아빠 할머니 할아버지
얼싸 안아주며
하이파이브로 손바닥을 마주친다

100점이 뭐길래
가족들을 이렇게 힘 나게 하는가!

100점은 가정의 활력소다
100점은 가장 좋은 영양제다

2015.12.08.

목련

4월이 되면
아이보리 흰색 옷을 입고
집안을 밝혀 주는 꽃

진달래 개나리와 함께
4월을 빛내주는 꽃

우아한 꽃잎이 지고 나면
아쉬움을 달래주듯
연둣빛 새싹으로 반겨준다

여름이면 넓은 잎사귀로
그늘을 만들어 주고

가을이면 커다란 낙엽 되어

갈색 정원을 만든다

겨울이면 맨몸으로
새들의 놀이터가 되어준다

마당 끝 커다란 목련 나무
사시사철 우리 마당의 주인공이다

2016.04.07.

고양이

따끈한 가을빛이 비추는
1층 베란다 위로

단골 손님 노랑 고양이가
햇빛을 즐기러 온다

날 보면 도망갈까 봐
소파 뒤에 숨어서 본다

입으로 얼굴을 씻고
온몸 여기저기를 닦더니
이제는 늘어지게 옆으로 눕는다

아무리 친절히 다가서도
훌쩍 일어서서 멀리 도망가 버린다

Yellow Cat!
나랑 항상 이 시간 친구가 되자

난 커피를 마시며 너를 기다릴 테니
따뜻한 아침마다 냄새 맡고 찾아오렴

노랑 하양 줄무늬가 돋보이는
사랑스런 Yellow Cat!

2016.10.20.

내 아들, 신승균

첫아들을 얻은 기쁨은 대단했다
산휴 동안 동료들의 축하 방문 때
이마가 잘생긴 아들이라고 덕담을 받았다
하루 종일 들여다봐도 행복하기만 했다

유치원 졸업생 전체가
사립초등학교 입학 원서 접수를 했는데
우리 아들 혼자 당첨이 되었다
행운아라고 모두들 축하해줬다

대학교 때 군입대 훈련을 마치고
군 배치 추첨이 국방부로 당첨이 됐다
억세게 재수 좋은 행운아라고 입을 모았다

결혼할 나이가 되자

어디서 뽑았는지 자기보다 우수한 경력의
소유자를 아내로 맞이했다

지금은 아들딸을 점지해 주시는 뽑기에서
부부가 희망한 순서로 아들딸을 얻었다

지나고 보니
우리 아들은 뽑기를 잘하는 행운아였다

2016.11.04.

내 딸, 신효정

태어날 때부터 눈이 크고
이목구비가 또렷했던 아이
친구들이 미쓰 필리핀감이라고 했던 대로
이국적인 모습으로 자라갔다

아들 선호 사상으로
할머니의 손자 편애가 심했다
그래서 오히려 자립심이 강하게
스스로 잘 커 줬다

심리상담을 전공하여
상담계에서 일하더니
공부를 더 해야 함을 느꼈다
이미 결혼에 성공하여 두 아들의 엄마인데도
공부를 계속했고 박사학위까지 받았다

지금은 대학에서 전임교수로 일하고 있다
엄마로, 아내로, 며느리로, 교수로서
열심히 노력하며 학구적으로 산다

난 현모양처로 안온한 삶을 살 줄 알았는데
우리 사회의 엘리트인 교수가 되어
커리어 우먼으로 살아가고 있다

옛말에 딸은 시집가면 멀어진다고 하더니
같이 살면서 감성을 공유할 수 없어
그런 말이 나온 것 같다

"Out of sight, Out of mind"
이 말이 연인들뿐만 아니라 가족들한테도 맞는 말인 것 같다

2016.11.11.

내 사위, 이명수

우리 가족 중에서 유일하게
SKY에서 온 사람이다

밤하늘에 삼태성이 빛나듯이
한국의 삼성에서 빛을 발하고 있다

아이들에겐 자상한 아빠고
아내에겐 멋쟁이 남편이다

40대를 지나고 있지만
20대의 패션도 잘 소화해내는
미적 감각도 높다

옛말에 사위는
백년손님이라더니

방문의 기쁜 소식이 오면
반찬 할 걱정이 먼저다

두 아들이 바람직하게 자라고
살림도 점점 발전하니
바라보는 기쁨이 크다

겉모습과는 달리
섬세한 성격으로
영화나 드라마를 보다가
눈물을 비치는 감성의 소유자다.

2016.11.13.

내 며느리, 윤수진

우리 집에 시집왔던 시절엔
역사 속의 윤비마마처럼
단아하고 고운자태의 모습이었는데

엄마가 된 지 10년이 흐르니
자상한 에미의 모습이 더 많이 보인다

아기가 태어난 때부터
아기방 이곳저곳에
기도문과 성경 구절이 보였다

두 아이들 위한 꾸준한 기도로
주께서 주신 달란트로
훌륭한 성품과 용모로 자라서
엄마의 소망이 이뤄지기를
나도 같이 기도하며 키운다

요새는 퇴근해서 오자마자
이산가족 상봉처럼
두 애들이 달려가서
서로 얼싸안고 얼굴을 비빈다

겉으론 에너지가 없어 보이지만
내면에 강한 설득력이 있어
애들의 버릇없는 언행이 보일 땐
소리없이 순종시킨다

고등학교 거구의 학생들 속에서
가장 작은 체구의 교사지만
외유내강의 성격으로
교실의 왕으로 살아간다

2016.11.26.

낙화

봄날에는
여기저기 꽃들이 피어난다
동네마다 가는 곳마다
꽃들이 반긴다

봄날에는
여기저기 꽃들이 낙화한다
피어있는 꽃보다 낙화하는 꽃들이
더욱더 마음을 흔든다

우아한 자태를 뽐냈던 목련도
너울너울 힘없이 떨어진다
줄줄이 서 있는 벚꽃나무 아래로
꽃눈도 소리 없이 흩날린다

시샘하는 봄바람이 나타나면
꽃보라를 일으키며
멀리멀리 날려 보낸다

피어나는 꽃들도 아름답지만
낙화하는 꽃들이
환희와 함께
인생무상도 보여준다

2017.04.10.

사계절

분홍

초록

갈색

하양

졸졸졸

콸콸콸

실실실

꽁꽁꽁

파릇파릇

토실토실

울긋불긋

소복소복

아장아장
승승장구
호호백발
하늘총총

2017.05.18.

영어공부

중학교 때
들어온 길

70대에도
걸어가고 있다

그 길에 내 꿈이 있기에
오늘도 걷는다

누가 다그치지도 않고
경쟁자도 없기에

꾸준히
천천히
나 홀로 걷는다

꿈을 이루지
못할지라도

하루하루
그 꿈이 있었기에
걸을 수 있어 좋았다

'꿈은 이뤄진다'는 말을 믿고
남은 인생을
걸을 수 있을 때까지
걸어가리라

2017.08.31.

코스모스

파란 하늘을 배경으로
줄지어 피어있는
코스모스

혼자서보다
무리 지어 함께 필 때
어울리는 꽃

연분홍 무리 속에
꽃분홍 흰색이 섞여야
돋보이는 꽃

살랑바람에 맞춰
가냘픈 몸매가
리듬을 타면

날아가는 새들도
환호하며 웃는다

코스모스 꽃길 따라
손잡고 걸어가는 연인

웨딩 카펫을 걸어가는
꽃 속의 웨딩이다

2017.09.07.

커피 잔

30년 넘게 써 온
오지로 구워진 투박한 머그잔
밑이 넓어 많이 들어가고
모양도 안정적인 느낌을 준다

선물 받은 예쁜 무늬의 잔도 있고
시집 올 때 해온 우아한 부부잔도 있지만
우리 부부는 줄곧 이 잔으로 커피를 마신다

가장 좋았던 시절 얘기
미래의 생산적인 얘기
정치 토론 시사 이슈…
잘 식지 않는 오지잔을 감싸들고
식을 줄 모르는 대화를 즐겼다

이 잔으로 커피를 마실 때만은
우리 부부가 대화로 소통하며
가장 가까워지는 시간이다

이 잔이 깨지지 않을 때까지
오지잔의 열기가 식을 때까지
따뜻한 대화를 즐기리라

2017.10.18.

돋보기 유감

지금은 돋보기 없이
글을 읽기 힘들다

째푸리고 읽다가
돋보기를 가져다 보면
얼마나 선명하게 보이는지!

어쩌다 돋보기를 쓴 채
거울을 보게 되었다

소스라치게 놀랐다
내 얼굴에 그렇게도 많은 잡티가
선명하게 보여서다

나도 모르게

돋보기를 벗어 던졌다
다시는 돋보기 쓰고 보지 말아야지!

그러나
'어린 왕자'에서 깨우쳐준 말
'가장 중요한 것은 눈에 보이지 않는다'

눈에 보이는 것에 실망 말고
눈에 보이지 않는
내면의 중요한 것들을
추구하며 살아가야지……

2017.11.16.

내 친구 희선이

아직도 결혼 안 한 내 친구
그래도
교장 선생님이란 직책까지는 외롭지 않게 살았다

그러나
70이 지나가니 모든 것이 떠나갔다
사랑하는 부모님, 가족들,
수많은 만남들

젊은 날엔
그토록 주변에 가까이하려는
남성들이 많았건만.

눈이 높았던 것도 아닌데
영혼까지 흔들리게 다가온
남성이 없었던 것 같다

이제 와서 되돌아보니
가정주부로 정신없이
살림에 몰두하고 살아온 삶이
더 값진 것도 아닌 것 같다

그 많은 세월을
주부가 경험해보지 못한
여행, 스포츠, 취미생활을 즐기며
외롭지 않게 홀로 살아온 모습도
나쁘지 않게 보였다

비록 70이 넘었지만
처녀와 같은 꿈이 있는 사고도 보인다
꿈이 있는 사람은 나이를 먹지 않는다고 하더니
가끔은
소녀 같은 언행이 돋보이기도 한다

2017.12.05.

하얀 눈

하얀 눈이 쏟아진다
하늘에서 내려오는 묘약이다

바라만 보고 있어도
약효가 나타난다

동심의 세계가 열리고
아름다웠던 젊은 날들이 열린다

꿈속에서나 만날 수 있었던
일들이 눈앞에 떠오른다

꿈 속의 주인공이 되어
하얀 나라 속으로 걸어간다

맑고 깨끗한 나라
끝없이 펼쳐지는 속삭임
눈처럼 조용히 쌓여간다

세상 걱정 근심들은
하얗게 소복이 덮여진다

겨울이 가져다주는
크나큰 선물이다

2017.12.18.

어린 날의 크리스마스이브

초등학교 4학년 때
산타할아버지가 없음을 알았다
유치원생인 동생에겐
말하지 않기로 엄마와 약속했다

크리스마스이브엔
트리 밑에 몰래 두고 갈
산타의 선물을 상상해보며
기대 속에서 잠들곤 했다

그 해도 우리 집 크리스마스 트리는
불빛을 반짝이며 어둠 속에서 산타를 기다렸다

난 동생 몰래 미리 선물을 받고
일찍 잠자리에 들어갔다

어두운 새벽
살며시 기어서 트리 밑에 가봤다
역시 예쁘게 포장된 한 개의
동생의 선물만 보였다

나도 모르게 눈물이 나왔다
나도 영원히 어린 동생이 되어
설렘 속에서 선물을 펼쳐보고 싶었다

2017.12.26.

우리 목사님

히브리대 박사 목사님
설교 중 히브리어 축사가 돋보이신다

소아마비 장애자이시나
걸음걸이가 불편해 보이지 않는다

질곡의 세월을 이겨내게 하시고
승리의 제단에 세워주신 주님이시다

설교 속의 체험담은
새로운 용기와 결심을 하게 해준다

때로는 눈물까지 보이시는
순수한 감성의 유소년의 모습이시다

주일은 새로운 활력소를 얻어가는 날
세상에서 묻은 때를 씻어버리고
깨끗한 마음으로 새 출발 하는 날이다

목사님은 우리 영혼의 길잡이가 되신다
바요메르 에르함카 아도나이 히스키
(I love you, O Lord, my strength)

2018.01.19

내가 좋아했던 여자들

십 대엔 빨간 머리 앤을 좋아했다
못 생기도 어려운 환경에서 살았지만
길버트 블리스를 꿈꾸며 사는 게 좋았다

이십 대엔 「별」에 나오는 스테파니 네트를 좋아했다
양치기 청년이
주인집 딸을 동경했던
조건 없는 순수한 사랑을 받고 싶었다

삼십대엔 「바람과 함께 사라지다」의 주인공
스칼렛 오하라처럼
세상 사람들의 잣대에 아랑곳하지 않고
거침없이 자유분방하게 사는 게 매력적이었다
'내일은 또 내일의 태양이 떠오른다'는
마지막 대사를 남기고

실패한 것에 굴하지 않고 박차고 일어나는
격정적인 삶이 좋았다

사십 대가 되자 「오만과 편견」에 제인처럼
인내하고 절제하면서
선한 의지로 사랑도 성취하는
지성미가 좋았다

오십 대가 되니 「작은 아씨들」의 마치부인처럼
현모양처가 되어
푸근하고 화평한
가정생활을 하고 싶었다

육십 대가 되니
내 나이보다 더 많은데도
그리스 국민가수로 노래하는
나나무스꾸리를 좋아했다

검은 테 안경을 쓴 이지적 외모와

독특한 음색을 좋아했다
그 노래를 들을 때
오르가슴을 느낀 적이 한두 번이 아니다

나이를 먹으면서
좋아하는 여성이 이렇게 다양하게 변하는데
남자라고 다를까?

그래서 난 남자가 바람피우는 것을
이해할 수 있다
환경이 만들어져 만남이 이뤄지면
사고 칠 수 있다고 생각한다

다만
우리 가족들은 그런 환경과 만남이
만들어지지 않기를 기도하며
건강한 가정들을 이뤄나가길
바랄 뿐이다

2018.02.05.

내 어머니

매년 8월 6일
어머니의 기일이다

어느 어미가 그렇지 않았으랴마는
우리 어머니도 자식 사랑에 열정적이셨다

자식들이 결혼해서
가까이 살다가
멀리 이사 가는 날
대문에서 하염없이 울고 계셨던
모습이 눈에 선하다

이민 가는 것도 아닌데
항상 가까이 두고 살기를 원했다

아버지에 대한 애정은 별로 없었던 것 같다
그래서 유난히
큰사위에게 사랑을 많이 쏟았던 것 같다

몸져누워 있을 때라도
큰사위가 방문한다는 전화가 오면
벌떡 일어나서
방을 정리 · 정돈하며
꽃병에 꽃을 꽂았다고 한다

우리 6남매를 다 키워서 결혼시키고
68세에 하늘나라로 가셨다

얼마나 힘들게 사셨으면
얼굴에 그렇게도 주름살이 많으셨을까……

내가 어머니가 되어 비교해보니
고생만 하시다 가신 것이 애처롭기만 하다

나와 같이 나이 먹으면서
오래 사셨으면
어머니의 열정적인 성격을 닮은
나와 소통이 잘 되어

친구처럼 대화도 많이 하고
좋은 시간을 많이 가졌을 텐데……

꽃바구니를 영정 앞에 두고
6남매와 함께 했던 지난날을 추억하며
명복을 빌고 돌아온다

2017.08.06

천국의 시간

오전 9시가 지나면
가족들이 학교나 일터로 나가고
나 혼자만 남는다

제일 먼저 93.1FM 음악이
온 집안에 조용히 울려 퍼지게 한다

스타벅스 블랙커피 향과 함께
소파에 앉아 창밖을 보며 음미한다

낯선 새와 함께 참새 떼들이 몰려와
나무 위에서 떠들어대며 논다
고양이 가족들도 나와서 햇살을 즐긴다

양쪽의 창문 너머론 초록색이 가득하고
잔디밭 마당 끝에는 울긋불긋 꽃잔치다

이 속에서 책을 보고 신문을 본다
이보다 더 만족한 시간은 없다
아마도 이런 상태가 천국의 일상이 아닐까……
12시까지는 나만의 천국의 시간이다

12시가 지나면
바쁜 가정일이 시작된다
식사 준비. 세탁하기, 시장보기…

천국의 시간은 금요일까지만 누릴 수 있다
주말이면 가족들과 함께
세상일에 바쁘기 때문이다

2018.04.23.

시바타 도요

시바타도요는
100세가 되신 일본 할머니의 이름이다
100세가 되어서도 시를 쓰시는 시인이시다.

나이가 많아질수록
어린 마음으로 돌아간다고 하더니
이분도 나이가 들수록
어린이와 같은
맑은 영혼의 소유자로 살아가나보다

맑은 눈 투명한 생각으로
맑게 살아서
영혼을 맑게 하는 시가 흘러나오나보다

어린 것들은 다 예쁘다
날카로운 이빨로 포효하는 호랑이일지라도

그 새끼는 안아주고 싶을 만큼 귀엽다

맑은 눈동자의 쥐새끼가
오물거리고 먹는 모습을 본 적이 있는가!
쥐일지라도 어린 것은 맑고 예쁘다

예수님도 어린이와 같지 않으면
천국에 들어갈 수 없다고 하셨다

맑고 고운 어린이의 마음
나 또한 늙어지면
시바타도요처럼
맑은 영혼의 소유자로 살 수 있을까?

2018.04.25.

영원한 내 집

주께서 정하여 주신
화평과 영광의 빛이 비치는
남향의 언덕에
영원한 내 집을 갖고 싶다

세상 근심 모두 떠나서
자연과 함께 살 수 있는 곳

낮에는
자유로운 영혼으로
봄 동산, 여름 바다, 가을낙엽, 소복한 눈길
마음껏 즐기리라

밤에는
오로지 하늘과 벗하며 살리라

봄에는 사자자리
여름엔 백조자리
가을엔 페가수스자리
겨울엔 오리온자리

별자리에 숨겨진 전설을 음미하며
주인공들과 대화 하리라

오고 가는 이 없을지라도
외롭지 않을 것 같다

항상 자연의 친구들이
변함없이 함께 있어 주니까……

2018.04.26.

내 동생 桂心

달 속에 있다는 계수나무 전설
희미하게 보이는 신비한 계수나무
보름달일 때만 나타난다

계수나무 마음인 '계심'
밝고 따뜻하게 비춰서
어둠을 밝히는 둥근 마음

여섯 형제를
화목으로 이끌어주는
둥근 마음의 소유자다

40대에 혼자가 되었어도
오히려 우리에게 따뜻하게 다가온다

40대 이전엔 부모님이 물려주신 외모로
아름다움을 빛내지만
40대 이후에는 살아온 경륜과 인품이
그 사람의 얼굴에 나타난다고 했다

내 동생도 젊었을 때보다
나이가 들어갈수록
귀티나고 지적인 모습이 풍긴다

혼자서 열심히 아름답게 살아온 모습이리라
아들딸 훌륭히 키워놓고
바라보는 기쁨도 얼굴에 보인다
이제는 할머니가 되어서
자손들의 공경의 대상으로 살아간다

2018.04.27.

꿈은 이루어진다

오랜 동안의 기도 제목이 이루어졌다
내 딸이
대학의 정교수 임용에서

훌륭한 경력과 학력의 소유자들을 물리치고
단계별 경쟁을 통해서
최종 합격자로 발표됐다

오늘
우리 축구팀이 지난 월드컵 우승팀 독일을
예상을 깨고 2대 0으로 깨끗이 승리해서
이번 월드컵 조별리그를 끝낸 것과
같은 느낌을 받았다

축구가 국민과 국가에

기쁨과 명예를 안겨주듯이

우리 딸도 가족들에게
기쁨과 가문의 영광을 안겨주었다

꿈을 가지고
꾸준히 노력해서 시행할 때
하나님이 함께 해주시면
꿈은 이루어진다

2018.06.28.

명작 TV 드라마

요즘은 먼 옛날의
지나간 명작 드라마 감상에
푹 빠져 지낸다

'가을 동화', '겨울 연가'……
다시는 돌아올 수 없는
젊고 신선한 모습과
감성을 느낄 수 있어
너무나 고마운 프로다

소설은 글로만 내면을 묘사하여
표현하는 데 한계가 있다

영상으로 보는 것은
대사는 물론이요
주인공의 눈빛과 표정,

아름다운 배경과
걸맞은 음향효과와 색감까지
더해져서
훨씬 실감 나게 빠져들게 한다

이제는 눈의 노화로
책을 읽기보다는
영상으로 보는 게 훨씬 편하다

그러나
영상으로 보는 것은
시간이 지날수록
그때그때의 시각적인
효과로 끝나는 것 같다

독서한 것은
아무리 시간이 지나도
머릿속에 글로만 여운이 남겨져 있어
명작일수록 오래오래 기억된다

2018.08.29.

내 아버지

친정아버지의 기일이 다가온다
병원에서 마지막 임종을 내가 지켰다
한 생명이 그렇게 빨리 꺼지는지 몰랐다

항상 부지런하셨고
잔소리도 많이 하셨다

무엇보다도 인생을 살아가는데
훈계의 말씀을 많이 하셨다

자식들에게
'돌다리도 두드려보고 건너라'는 말을 자주 하시며
안전하게 살피며 살 것을 강조하셨다

또한
선한 끝은 있으니

항상 착하고 정직하게 살라고 하셨다

결혼해서 돈이 모이면
제일 먼저 땅을 사라고
경제 교육도 시키셨다

아버지의 세 가지 훈계의 말씀이
가장 기억에 남는다

어머니는 나의 내면에
열정과 풍요로운 감성을
물려주셨고

아버지는 바른 생활의
규범을 심어주셨다

내가 70살이 넘어보니
자식들이 결혼해서
아들딸까지 거느리고 살아도
걱정거리만 눈에 보인다

나 또한 아버지처럼
잔소리가 많아진다는 것을
새삼 느끼며
먼저 가신 아버지를 생각해본다

2018.12.18.

꽃피는 마당

우리 집 작은 잔디 마당 둘레엔
일 년 내내 끊임없이 꽃이 피고 진다

3월이 오면 제일 먼저 수선화가
새싹을 밀고 올라와서 꽃을 피운다
노란 복수초도 탐스럽게 얼굴을 펼친다

4월이 되면 우아한 목련이 피기 시작하고
연분홍 진달래도 피기 시작한다

5월이 되면 연산홍이 온통 붉게 물들이고
작은 연못가엔 보라색 창포꽃이 핀다

6월이 되면 양귀비꽃이 은은한 화려함을 빛내고
뒤따라서 백합꽃이 얼굴을 내민다

작은 연못 속에선 연꽃이 폈다가 오므라든다

7월이 되면 하얀 옥잠화가 향기를 내뿜는다
앙증맞은 채송화도 줄지어 피어난다

8월이 되면 사르비아가 정열을 불사르고
울타리에 걸쳐진 호박꽃도 보인다

9월엔 황금빛 금잔화가 피어나고
구절초가 무리지어 피어난다

10월엔 국화꽃이 피기 시작하고
마당 끝 감나무엔 발갛게 감이 익는다
잎이 지고 매달린 감들은 꽃보다 더 멋지다

11월엔 곱게 물든 단풍들이 바람에 날려
금잔디 마당에 내려와 가을을 장식한다

12월부터 겨울 동안 꽃들을 볼 수 없는 마당이지만
앙상한 나뭇가지에 함박눈이라도 오는 날이면
눈꽃이 장관을 이룬다

일 년 내내 마당에 나오면 꽃들과 대화할 수 있는
우리 집이 제일 좋다
우리 집이 천국이다

2018.06.18.

할아버지와 손녀딸

손자들만 셋을 바라보고 살다가
마지막으로 손녀딸을 얻었다

손녀딸을 할아버지가
보석처럼 소중하게 아낀다

씻기고, 먹이고 옷 입히고
대소변까지도 돌봐주셨다

외출하고 돌아오실 때
눈에 띌 때 마다
머리핀, 머리띠, 리본, 스카프…
액세서리를 세트로 사 오신다

손녀딸 방에 가보면

장식품 가게처럼
할아버지가 사오신 것들이
줄지어 쌓여있다

어린이집 갈 때부터
머리도 직접 빗겨서
모양도 다양하게
멋지게 단장해서 보냈다

엄마들도 선생님들도
놀랍다고 감탄하셨다
그래서인지
유치원 발표회 행사대
할아버지가 특별상도 받았다

동네를 돌아다닐 때는
손녀딸을 자전거 바구니에 싣고
신나게 달려주신다

손녀딸은 물론이요
동네 꼬마들이 쳐다보고
손 흔들며 좋아한다

하루에도 몇 번씩
손녀딸을 보러가신다
잠자리에 들기 전에도
영상폰으로 꼭 대화한 다음
침실로 가신다
얼굴을 보고 자야
꿀잠이 온다고 하신다

꽃방 식구들 이름 짓기

나팔꽃 (K. J. S)

웃을 때는 활짝 핀 나팔꽃같이
환하게 웃으셨던 모습이 떠오르네요

때에 맞춰 불어주는 나팔처럼
때를 잘 기억하고

연도까지 맞춰내어
주위 사람들의 찬사를 받았던 성님!

그러나 나팔꽃이 피었다가
시간이 되면 일찍 꽃잎이 오므라지듯

성님도 항상 바빠서 일찍 자리를 접고
일찍 떠났던 모습이 떠올라서
나팔꽃으로 정했는데
어떨까요?

채송화 (J. S. J)

제가 처음 성님을 봤을 때는
초등학교 어린 여학생처럼
티 없이 웃는 모습이
나이가 믿기지 않도록
천진난만한 소녀의 모습이었습니다.

마치 여름날 마당 끝에
빨강 노랑 꽃분홍으로
우리를 환하게 해주는
앙증맞고 화사한 채송화 모습이
떠오릅니다.

승자 성님은 채송화가 어떨까요?

수 국(Y. M. S)

우리 모임에서 항상 풍성한
한 자리를 채우시는 성님!
그 자리가 비면 얼마나 허전하고
심심하고 재미가 없었는지 모릅니다.

여름날 꽃밭에 풍성한 수국이 지고 나면
빈자리가 크고
수국이 빠진 다른 남은 꽃들은
초라해 보이기도 했답니다.

항상 재치있는 유머와 위트있는 말솜씨로
밝고도 풍성하게 대화를 이끌어주셔서

모든 꽃들은 수국의 커다란 꽃봉오리만
쳐다보며 대화를 즐기지요.
성님은 탐스럽고 복스럽게 생긴
수국이 어떨까요?

흑장미 (Y. Y. J)

한 때는 검정색 의상을 즐겨 입으셨고
검정색이 잘 어울려서 더 멋져 보였던 성님!

의상에 맞춰서 코디한 액세서리는
세련미가 돋보이고 넘치는
최고의 멋쟁이지요.

검정색은 우아하고 단순하면서도
위엄있게 격이 있어 보여서
가장 멋쟁이들이 즐겨 입는 색깔이래요

여러 가지 장미꽃 중에서도
가장 고귀하고 도도하면서도
구하기도 어렵다는 흑장미!
우리 용자 성님은 장미 중의 여왕
흑장미가 어떨까요?

석 란(K. I. S)

조선 시대 왕비였던 이방자 여사와
얼굴과 자태가 너무 많이 닮았지요
머리 스타일까지도요

주로 조용히 경청하면서도
감초 같은 한 말씀으로
존재감을 빛내는 조용한 성품이
돋보이는 성님!

돌에 붙어살면서
가장 멀리까지 향기를 날리며
하얗게 피어난 청초한 모습의
석란이 연상됩니다

돌 위에서 조용히 고고하게 피어나는
향기로운 석란
우리 인숙 성님에겐 어떨까요?

데이지꽃 (L. Y. B)

나타나진 않지만
등판에 새겨진 백넘버 KS마크만으로도
돋보이는 여자!

반백의 흰 머리와 다르게
얼굴엔 아직도 갓 깨어난 병아리처럼
뽀송뽀송한 솜털이 보이는
우리 모임에서 가장 어린 숙녀 같은 여자

마치 데이지꽃 화관을 쓴
사랑스런 새 신부가 성모상 앞에서
두 손을 모으고 기도하는 모습이 떠오르네요

순결하고 깨끗한
귀여운 모습의 데이지 꽃이
우리 영복 씨에겐 어떨까요?

후리지아(J. J. R)

서양란의 종류인 노란색 후리지아를
저 개인적으로 좋아해요

여러 가지 꽃향기 중에서 후리지아
꽃향기를 제일 좋아한답니다.

그러나 후리지아는 단독으로는
어울리지 않아서 꼭 안개꽃이
받쳐줘야 보기가 좋답니다.

마치 내가 혼자 놀 때보다
우리 꽃방 식구들이 어울려 줄 때 더 돋보이듯이
뒷받침이 필요한 꽃이지요

그래서 난 이 꽃을 살 때는

반드시 안개꽃도 함께 사서
안개꽃 속에서 후리지아 보이도록
꽂아 둔답니다

꽃이 지고 나면 함께 말려서
크리스털 꽃병에 꽂아두고
수시로 향수를 뿌려주면
일 년 내내 함께 할 수 있지요

2016.03.21.

외할머니의 행복한

육아일기

첫 외손자 이 주 환

이주환 이경환

15개월 때

"이야~"
우리 주환이가 세상에 나와서
첫 번째 한 말이다

아마도 외갓집 애완견 "제니야"를
부르는 말이었던 것 같다

유아 발음으로 "제니야"가 "이야"로
발음되었던 것 같다

강아지 인형과 놀 때도
"이야~"라고 부르며 놀았다

잠잘 때나 외출할 때도 강아지 인형
'이야'를 꼭 품고 다녔다

4학년 때까지도 '이야'와 함께
생활했다고 했다

'이야'는 주환이의 정서를 채워주는
가장 가까운 친구였다

두 살 때

외할머니 : "주환아 보름달이 떴네"
"하늘 좀 쳐다봐라 "

주환 : "어! 보름달에 전깃불이 들어왔네?"

외할머니 : "어머! 그래서 저렇게 환하구나!"

세 살 때

① '이야'

'이야'로 불리는 강아지 인형을 잃어버렸다
백화점과 장난감 가게에도 비슷한 것이 없었다
나중에 신청해서 사준다고 했더니
넝쿨(애비)를 쳐다보며 소리치고 울었다

가양동 이마트에 가면 있을까 하고
차를 몰고 가족이 함께 사러 갔다

가는 도중 아빠를 쳐다보며
"아빠, 아까 울어서 미안해!"

또한 우리가 자기 아빠랑 대화하면서 가니까
우리 주환이가 불만 섞인 목소리로
"운전할 땐 자꾸 말 시키면 안 되는데……"

세 살짜리가 너무 의젓한 말들을 했다

② 엄마와 산책하며

"엄마, 왜 밤에는 별들만 보이고
해는 없는 거야?"

"왜 낮에는 해가 뜨고
밤에는 별이 뜨는 거야?"

(세 살짜리에게 설명하기엔 어려운 질문이었단다)

네 살 때

① 아빠의 따뜻한 말을 듣고 싶었던 주환이

동생의 흔들 침대를 잘못하여
발로 찼다가 아빠한테 혼이 났다

진정 모르고 찼다고 억울함을
아빠께 전했다고 했더니

"아빠가 다른 말은 안 했어?"
"어떤 말?"
"주환이를 용서해준다는 말……"

② 슬픈 눈

엄마 : " 주환아!"

"엄마 설거지하는 동안 동생 좀 돌보고 있어라"

주환 : 네, 알았어요

(5분쯤 후에)

주환 : (엄마에게 다가와서 귀에 대고)

"엄마, 경환이가 슬픈 눈을 하고 있어요"

(슬픈 눈은 어떤 눈이었을까?)

③ 믿음 좋은 주환이

주환이가 감기에 걸렸다

엄마 : “감기에 걸렸는데 어느 병원으로 갈까?”

수환 : “하나님께 낫게 해달라고 기도해야지”

(어른보다 믿음이 좋은 우리 주환이다)

④ 사랑하는 동생 경환이

엄마 : " 주환아!
경환이가 칭얼대는 소리가 나는구나!
엄마가 일하는 동안 동생 좀 돌봐주라~"

주환 : "네, 알았어요!"
"경환아 내가 놀아줄게"

(동생에게 다가가서) "경환아 사랑해!"
"내가 널 예뻐하고 사랑하니까 우리 둘이 결혼하자!"

⑤ 엄마 생각

외할머니 : "'제니'가 그렇게 좋으면 너희 집에 데려가고 대신 우리 심심하니까 동생 경환이는 외갓집에 데려오자"

주환 : "안돼요, 절대 안 돼요!"

외할머니 : "너네는 주환이도 있고 '제니'도 데려가면 우린 아무도 없으니까 경환이라도 데려다 살아야지……

주환 : (소리를 지르며) "그럼 엄마가 동생을 또 하나 낳아야 하는데 엄마가 배 아프고 힘들어서 안 돼요!

(산부인과에서 동생 출산하는 것을 본 주환이의 생각이다)

⑥ 경비아저씨 아기

경비아저씨 : (부탁을 받고서 어떤 애기를 잠시 맡아주면서 안고 있었다)
"주환아! 나도 예쁜 아기가 있단다."

주환 : "누구네 아기예요?"

경비아저씨 : "내 아기지…"

주환 : "아저씨는 남자인데 어떻게 아기를 낳아요?
우리 엄마처럼 여자들이 아기를 낳는 건데요?"

경비아저씨 : "하하하, 그래?"

⑦ brother와 baby

영어 유치원에서 brother에 대해서 배웠단다

주환 : 오늘은 'brother'에 대해서 배웠는데 남자 형제끼리는 brother라고 하는 거예요

엄마 : 그래, 우리 주환이와 경환이도 서로 brother라고 하는거야

주환 : 아니야! 우리 경환이는 baby라고 하는 거야! (4개월 된 동생에겐 baby란 단어가 먼저 연상되었나 보다.)

⑧ Your welcome

(초콜릿을 할머니 옆에서 먹기 시작했다)

외할머니 : 주환아! 외할머니도 먹어보자. 한 개만 다오
(주환이가 두 개나 준다)

외할머니 : (너무 좋아하며) Thank you!
주환 : Your welcome!
외할머니 : 아유! 놀라워라!
영어 응답을 제대로 하네(발음도 아주 좋았다)

⑨ 기도해주는 주환이

여름방학에 동호가 분당 주환네 집에 놀러 왔다가 가는 날이다.

동호 엄마가 자동차를 가지고 데리러 왔다. 출발하려고 운선대를 잡았더니

주환 : 운전할 때는 기도를 먼저하고 출발해야지요

주환엄마 : 그럼 네가 기도를 해주려무나

주환 : 하나님! 외숙모가 운전을 조심해서 집에 잘 도착하게 해 주세요. 아멘!

⑩ 예방접종 하는 날

엄마 : 주환아, 주사 맞을 땐 쳐다보지 말고 좋아하는 사람들과 재밌게 놀았던 생각, 또 즐거웠던 일을 상상하고 있으면 고통을 덜 느끼게 된단다

주환 : 그래요? 알았어요.

간호사 : 다 끝났어요. 울지도 않고 참 잘 맞았어요. 씩씩하네요!

주환 : 엄마! 사실은 주사 맞을 때 엄마의 모습을 생각하면서 맞았어요.

엄마 : 그래? 아이고 우리 아들!

⑪ 쥐 색깔

주환이와 함께 공중목욕탕에 갔다. 아들을 먼저 씻기고 엄마는 때밀이 아줌마가 밀었다

아줌마 : 까만 때가 많이 나오네요

주환 : (옆에서 쳐다보면서)
까만색이 아니고 쥐색인데요?

엄마와 아줌마 : 호호호, 그렇구나……

⑫ 먼저 안기는 주환이

유리창 너머로 엄마가 오는 것을 보고 현관으로 나와서 문을 열어주면서

주환 : 엄마! 소리 내지 말고 나 먼저 안아줘.
엄마 소리가 나면 방에서 경환이가 기어 나와서 안아달라고 하니까……

엄마 : 그래, 오늘은 우리 주환이 먼저 안아주자!

(평소에 퇴근하면 서로 먼저 안아달라고 소리 지르며 운대요)

⑬ 무한대의 사랑

엄마 : 주환아! 엄마는 너를 하늘만큼 땅만큼 사랑해!

주환 : 엄마, 난 무한 대로 사랑해

엄마 : (놀라며) 무한대는 얼만큼이야?

주환 : 무한대는 셀 수 없을 만큼 끝이 없는 거야

⑭ I love you three

요새 유치원에서 영어 말하기를 배우고 있다. 어느 날 엄마를 보더니,

주환 : I love you !

엄마 : I love you too !

주환 : I love you three !

(주환이가 'too'를 'two'로 생각하고 'three'로 대답했다니, 참 재미있고 똑똑하다.)

다섯 살 때

① 그때 난 어디에 살았지?

주환 : 엄마! 엄마가 결혼하기 전에는 외갓집에서 살았지?

엄마 : 그렇지. 외할머니와 외할아버지랑 같이 살았지.

주환 : 아빠도 엄마랑 결혼하기 전에는 우리 친할머니하고 살았지?

엄마 : 그렇지.

주환 : 그럼 나는 그때 어디서 살았지?

엄마 : 넌 그때 태어나지 않았지

주환 : 그러니까 그때 난 어디에 있었느냐구요

엄마 : 정말 설명하기 어렵구나!

② 아기를 못 낳는 외할머니 외할아버지

주환 : 엄마! 외갓집은 왜 '제니'를 기르지?

엄마 : 두 분만 사시니까 심심해서 기르지

주환 : 그럼 우리 집처럼 애기들을 낳으면 심심하지 않을 텐데?

엄마 : 호호호, 외할머니는 늙으셔서 이제는 아기를 못 낳는단다

주환 : 그래?……

③ 외로움을 아는 주환이

(아빠가 네덜란드 출장을 떠났다)

주환 : 아빠는 또 출장을 간 거야? 흑흑흑

엄마 : 울지마

주환 : 아빠가 출장 가는 거 싫어

엄마 : 직장에서 보내면 할 수 없이 가야 해.

주환 : 그래도 먼 나라로 가는 건 싫어!
밤에는 와야지. 외로워서 싫단 말이야!

할머니의 행복한

육아일기

첫 손자 신동호

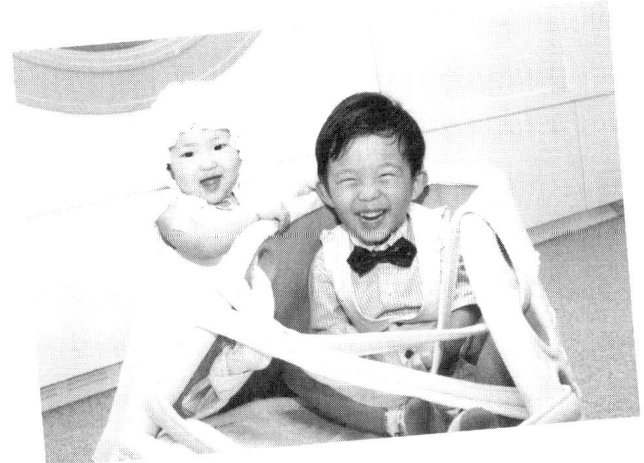

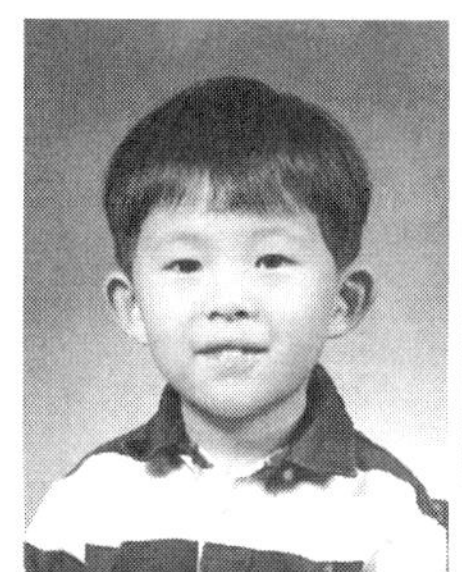

신동호 신오성

10개월 때

엄마가 "맘마 먹자" 하면
동호도 "맘마 맘마"

(우유병을 보고도)

"맘마 맘마" 라고 합니다.
(배가 고프면 부엌 쪽을 쳐다보며)
"맘마 맘마" 라고 말했지요

11개월 때

엄마 아빠를 보고

"엄마", "아빠"

"하부지" (할아버지)

"하무니" (할머니)

"똑딱똑딱" 하면 (시계를 가리키고)

"안녕, 빠이빠이" 하면 (손을 흔들고)

"만세! 만세!" 하면 (두 손을 번쩍 들었지요)

15개월 때

엄마 : 동호야!

동호 : 뎨(유아 발음으로는 '녜' 발음이 안 되는 모양이다)
(동호의 낱말 표현이다)

자동차 : 빵빵

부채 : 부끄부끄

달 : 탈

새 : 채

반짝반짝(불빛) : 빠빠

16개월 때

엄마가 위험한 것을 만지려고 하면

동호 : 안 돼, 안 돼!

(엄마가 일부러 잘못하는 척해도)

동호 : 안 돼, 안 돼!

('안 돼'라는 말이 발음이 쉬웠는지 빨리 배웠다)

바이올린을 가지고 놀기 좋아하는 동호

"채째째"

"챙챙챙"

"찡찡찡"

(바이올린을 보면 이런 소리를 하며 손을 벌린다)

17개월 때

"책"이라고 말하면 가져와서 "책"이라고 말하며 준다
"태권"하고 말하면
두 주먹을 쥐고 쭉쭉 뻗치며 "태권"하고 말합니다

동요 '태극기'와 '고향의 봄'을 좋아했다

잠재울 때
"태"하면 "태극기가 바람에 펄럭입니다♬"
노래를 불러주고

"내" 하면 "내가 살던 고향은 꽃피는 산골♬"
노래를 불러준다
(동호가 잠들 때까지 '태'와 '내'를 계속해서 말하면 우리는 계속해서 잠들 때까지 두 가지 노래를 교대로 불러주었다)

18개월 때

"똥" - 대변을 보고 나면 기저귀를 가리키며 "똥"이라고 말합니다

"비" - 비둘기를 보고 "비"라고 말하며 푸드덕푸드덕 날아가는 시늉을 합니다

"안녕하세요" - 엄마가 퇴근해서 현관에 들어서면 허리를 굽히고 머리를 조아리며 배꼽 인사도 말을 합니다

19개월 때

이제는 웬만한 낱말의 첫 글자는 다 말합니다

"물" "새" "맘마" "까까(과자)"
"꽃" "엄마" "아빠" "안 돼" "우(우유)"
"하(할아버지, 할머니)" "태(태권도)"
"비(비둘기)"

22개월 때

이제는 사물의 첫 글자는 다 말하고
두 글자와 세 글자의 낱말을 말합니다

"그네, 할비(할아버지), 나무, 버스, 포크, 공부, 불 켜"
"집에 가, 택배 차"

숫자는 1,2,3,4,5,(6),7,8,9까지 읽으나, 6자만 9로
읽습니다 (모양이 비슷해서 인가봐요)

색깔은 빨강, 파랑, 노랑, 초록, 보라, 까만색을 압니다

24개월 때

(요즘 들어 문장으로 말을 합니다)

"엄마 집에 가자"
"저리 비켜"
"이따 먹어"
"할미 집에 가자"

25개월 때

영어 알파벳 대문자와 소문자를 다 알아맞히고 발음하면서 차례대로 자석칠판에 A부터 Z까지 늘어놓습니다.

이제는 어려운 말만 첫 글자로 말하고 거의 문장으로 의사소통을 합니다.

오줌을 누고 나서 "쉬했다"고 말하고 똥을 누고도 "응가했다"고 말합니다.

외출할 때는 한쪽 손에 꼭 장난감을 한 개 정도 쥐고 다니기를 좋아합니다.
주로 부피가 작은 것을 손에 쥐고 다닙니다.

26개월 때

(이제는 어휘량이 늘어서 불편 없이 표현합니다)
맛있다 / 신기하다 / 멋있다 / 재미있다 / 무서워 / 뜨거워 / 뭉개져 등등

이제는 엄마 / 아빠 / 할머니 / 할아버지 / 외할머니 / 외할아버지의 이름을 물으면 정확한 발음은 아니지만 다 말합니다.
유아 발음 소리가 더 귀엽습니다.

28개월 때

가족들의 승용차 이름을 알려줬더니 잘 맞힙니다.

외할아버지 차는? 벤츠

우리 할아버지 차는? 제네시스

아빠 차는? 아반떼

엄마 차는? 어려워서 말 못 해요

29개월 때

이때부터 어린이집에 다니기 시작했지요

아침에 안 가려고 해서 가슴이 아프지만, 친구도 사귀고, 교육과정에 따라 여러 가지를 배우는 게 좋다고 생각해서 떨어지지 않으려는 아이를 달래서 밀어 놓고 오지요.

어린이집 선생님이 우리 동호가 너무나 말을 잘해서 '언어 신동'이라고 말씀하셨어요.

"동호 엄마는 뭐 하는 사람이예요?" 하면

"국어 선생님" 하고 대답했답니다.

요즈음은 어휘량이 더욱더 늘어서 못하는 말이 거의 없지요.

34개월 때

이때부터 오줌을 가리기 시작했어요.
“쉬 마려워요”하고 말하면 얼른 컵을 대주었지요.

전화 받는 예절을 가르쳤더니
전화 소리가 나면 얼른 뛰어가서
“여보세요, 서는 신동호입니다”라고 민저 징확한 빌음으로 말을 해서 귀여웠습니다.

그런데 요즈음부터 잠을 잘 때
엄마의 티셔츠를 얼굴에 대고
냄새를 맡으면서 품고 잔답니다.
외출 할 때도 꼭 엄마의 티셔츠를 품고 다닌답니다.
초등학교 저학년 때까지도 엄마의 그 티셔츠를 끼고 잠을 잤지요.

정정례 시집

영원한 내 집

2019년 3월 25일 초판 인쇄
2019년 3월 30일 초판 발행

지은이 / 정 정 례
발행인 / 강 병 욱

발행처 / 도서출판 교음사
편집 / 수필문학사 출판부

03147 서울 종로구 삼일대로 457 수운회관 1308호
Tel (02) 737-7081, 739-7879(Fax)
e-mail gyoeum@daum.net
등록 / 제300-2007-52호

* 잘못된 책은 바꾸어 드립니다. 정가 10,000 원

ISBN 978-89-7814-749-1 03810

이 도서의 국립중앙도서관 출판예정도서목록(CIP)은 서지정보유통지원시스템 홈페이지(http://seoji.nl.go.kr)와 국가자료공동목록시스템(http://www.nl.go.kr/kolisnet)에서 이용하실 수 있습니다. (CIP제어번호 : CIP2019010844)